SOCIÉTÉ D'AGRICULTURE, SCIENCES, ARTS ET COMMERCE DE LA CHARENTE

Séance du 15 Décembre 1879

RAPPORT

PAR

M. EUG. DE THIAC

PRÉSIDENT DE LA SOCIÉTÉ

SUR LE TRAVAIL DE M. MATHIEU-BODET

Ancien Ministre des Finances

CONCERNANT

LES RÉFORMES DE L'IMPOT FONCIER

ANGOULÊME

IMPRIMERIE CHARENTAISE G. CHASSEIGNAC ET Cie

26, Rempart Desaix, 26

1879

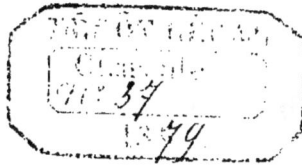

RAPPORT

SUR LE TRAVAIL DE M. MATHIEU-BODET

CONCERNANT

LES RÉFORMES DE L'IMPOT FONCIER

SOCIÉTÉ D'AGRICULTURE, SCIENCES, ARTS ET COMMERCE DE LA CHARENTE

Séance du 15 Décembre 1879

RAPPORT

PAR

M. EUG. DE THIAC

PRÉSIDENT DE LA SOCIÉTÉ

SUR LE TRAVAIL DE M. MATHIEU-BODET

Ancien Ministre des Finances

CONCERNANT

LES RÉFORMES DE L'IMPOT FONCIER

ANGOULÊME

IMPRIMERIE CHARENTAISE G. CHASSEIGNAC ET Cie

26, Rempart Desaix, 26

1879

RAPPORT

SUR LE TRAVAIL DE M. MATHIEU-BODET

CONCERNANT

LES RÉFORMES DE L'IMPOT FONCIER

M. Mathieu-Bodet, notre éminent collègue, m'a adressé pour vous en faire hommage l'exemplaire d'un mémoire qu'il vient de publier sur la réforme de l'impôt foncier.

Je dépose sur le bureau ce mémoire ; je l'ai étudié avec soin, car une pareille question doit être l'objet constant de nos études et de nos préoccupations, et j'ai pensé qu'il serait bien de nous honorer en donnant une attention toute particulière à ce travail, émané de l'un de nos collègues qui a en cette matière une si haute compétence.

Permettez-moi de vous faire connaître ce travail dans quelques-uns de ses détails.

La loi du 1er décembre 1790 décida la suppression des anciens impôts et leur remplacement par l'impôt foncier, qui devait être proportionnel au revenu net de la terre et des maisons.

En 1791, le revenu foncier net fut estimé à 1 milliard 400 millions de francs, et la somme totale de l'impôt qui fut mise à cette époque à la charge des départements s'éleva en principal à 240 millions. La propriété immobilière supportait alors une taxe de 16 fr. 66 c. 0/0 et de 20 fr. 83 c. avec les sols additionnels, c'est-à-dire plus d'un cinquième de son revenu net.

De 1797 à 1821, des dégrèvements successifs eurent lieu, et en moins d'un quart de siècle l'impôt foncier fut diminué d'une somme totale de 85,318,649 fr. En sorte que l'impôt de 240 millions était descendu à 154,678,000 francs, et au lieu de 16 fr. 66 c., l'impôt ne représentait plus que 9 fr. 79 c. 0/0 du revenu net.

Le revenu net des propriétés immobilières augmentait rapidement : il était, en 1851, de 2 milliards 540 millions, et l'impôt n'était plus que de 6 fr. 06 c. 0/0.

Une grande mesure fut réalisée. Elle avait demandé plus de quarante ans d'efforts. En effet, le cadastre, commencé en 1807, était terminé en 1850 dans tous les départements, à l'exception de la Corse.

Ce cadastre fit disparaître presque toutes les inégalités particulières, et la loi du 5 août 1850 supprima les 17 centimes additionnels généraux, ce qui réduisit les charges foncières de 27 millions.

Le revenu net de la propriété immobilière s'est augmenté, et l'évaluation de 1874 le porte à 3 milliards 959 millions. L'impôt est donc descendu de 16.66 à 4.24 0/0 en moyenne.

Mais la propriété immobilière ne supporte pas

seulement l'impôt au profit de l'État. Elle est assujettie à des centimes additionnels, destinés à faire face aux dépenses des départements et des communes. Ces centimes, pour l'exercice 1877, représentaient 97 0/0, ce qui, en réalité, impose les immeubles aujourd'hui en moyenne à 8.35 0/0, au lieu de 20.93 0/0 qu'on payait en 1791.

Malgré les divers dégrèvements, on parut penser qu'on pourrait encore en faire de nouveaux.

La loi du 21 mars 1874, édictée sous le ministère de M. Mathieu-Bodet, décida par l'article 9 que les terres cotées comme incultes et improductives, et qui ont été mises en culture ou sont devenues productives depuis la confection du cadastre, seraient évaluées et cotées comme les autres propriétés de même nature et d'égal revenu de la commune où elles sont situées, pour accroître le montant de la contribution foncière, en augmentant le contingent de la commune, de l'arrondissement, du département et de l'État. A l'inverse, les parcelles qui seraient devenues improductives depuis la même époque donneraient lieu, au profit du contribuable, à un dégrèvement imputable sur le montant total du contingent départemental.

Une autre loi, du 23 mars 1876, propose un autre système.

Les projets de loi présentés par M. le ministre des finances, le 19 mai 1879, repoussent ces deux systèmes et demandent notamment l'abrogation de l'article 9 de la loi du 21 mars 1874 ; ils divisent l'impôt foncier en deux contingents généraux distincts :

celui des propriétés non bâties et celui des propriétés bâties. Un mode spécial de péréquation est adopté
pour chacun d'eux.

Le contingent des propriétés non bâties devra
être effectué au moyen d'une nouvelle évaluation
générale de leur revenu net, et, à cet effet, des
contrôleurs des contributions directes seront char-
gés de se transporter dans toutes les communes et
s'aideront de tous documents.

Le Gouvernement, par suite de cette évaluation,
se proposerait d'établir l'égalité uniquement par le
dégrèvement des départements dont la contribution
foncière est au-dessus des taux moyens.

M. Mathieu-Bodet est porté à penser que le nou-
veau projet n'est pas satisfaisant, car on se borne à
dégrever les départements dont l'impôt est supérieur
à la moyenne, et on laisse toujours subsister les
inégalités entre les départements exonérés et ceux
dont le contingent est au-dessus du taux moyen.

Puis la réduction apportera le trouble dans les
budgets départementaux et communaux. Il est évident, en effet, que les centimes additionnels qui sont
suffisants avec les contingents actuels devront être
augmentés dans les départements où la mesure pro-
posée aura diminué le principal de l'impôt.

Le sacrifice pour le Trésor public serait de 15 à
20 millions par an, d'après les motifs de la loi pro-
posée le 19 mai 1879. Les pouvoirs publics exigeront
une preuve certaine que les départements dégrevés
étaient réellement surtaxés. De là une nouvelle évaluation du revenu des propriétés rurales. De là une

grande préoccupation dans les campagnes pour les opérations de cette nature.

Si notre situation budgétaire permettait un sacrifice au profit de la propriété foncière, il y aurait mieux à faire que de dégrever les contingents de quelques départements ; ce serait, dit avec beaucoup de raison notre éminent collègue, de faciliter la transmission des propriétés immobilières, qui sont presque immobilisées par l'énormité des droits de mutation, qui, avec les frais accessoires de quittances et autres, s'élèvent à près de 10 0/0.

Et n'y aurait-il pas le devoir de dégrever certaines taxes créées après nos malheurs, sous la pression des charges publiques ? La loi du 31 décembre 1873 dit que ces taxes n'étaient créées qu'à titre *temporaire* et *extraordinaire*.

Au sujet des opérations cadastrales, notre honorable collègue pense qu'il y aurait de grands inconvenients à faire procéder à des opérations cadastrales qui dureraient certainement plus de dix ans, peut-être vingt, et dont le résultat, pouvant entraîner une augmentation de l'impôt, inquiéterait les intérêts de propriétaires de 140 millions de parcelles, et qui donnerait lieu à une dépense de 235 millions en capital et une charge annuelle de 10 millions.

L'éminent financier conclut en disant :

« Ce n'est point par un dégrèvement général qu'il faut procéder, mais par des dégrèvements partiels dans leur durée et s'appliquant aux propriétés ravagées, car la réduction du contingent d'un département favorisera tous les contribuables indistinctement, et pourtant les propriétaires de bois, de prés, de terres labourables et de vignes ne sont pas frappés également. »

Tel est, Messieurs, succinctement l'ensemble du travail de M. Mathieu-Bodet, et vous me permettrez de le remercier en votre nom d'avoir songé à nous associer à ses légitimes préoccupations.

Je voudrais, Messieurs, pouvoir ajouter quelques observations que m'a suggérées l'étude du travail dont je viens de parler.

Ainsi, pour le cadastre :

S'il est vrai qu'il soit le seul instrument exact des répartitions entre les propriétés de chaque commune ;

S'il est vrai que la péréquation de l'impôt soit l'exonération des départements surchargés et le rehaussement des taxes à la charge de ceux qui ont été ménagés,

Il est évident que le cadastre seul, par *les mutations, l'expertise* et *la répartition individuelle,* peut faire une application équitable des prescriptions de l'article 9 de la loi du 21 mars 1874.

Charles VII a eu le premier l'idée d'un cadastre général ; mais son application n'avait jamais été bien faite, et Napoléon a pu dire au commencement de ce siècle : « *Celui qui fera une bonne loi sur le cadastre méritera qu'on lui élève une statue.* »

Napoléon fit faire des essais d'abord ; et enfin, par une loi du 15 décembre 1807, on appliqua le cadastre conçu par l'Assemblée constituante, rectifié par Delambre, membre de l'Académie des sciences.

Il n'existe aucune autre forme de répartition, et

c'est le cadastre dont il faudrait assurément user, sans se préoccuper d'inquiéter les propriétaires des 140 millions de parcelles et sans se préoccuper outre mesure de la dépense, que les voies de communication rendraient aujourd'hui inférieure à celle de 1807.

Mais le moment n'est pas opportun, non-seulement à cause des souffrances des vignobles français, qui embrassent plus de 2,500,000 hectares, mais aussi parce que les productions agricoles n'offrent que des bases incertaines par le fait des conditions économiques actuellement troublées.

Peut-être ne peut-on tarder à voir la fin des maladies qui ravagent nos vignes et la promulgation d'une loi équitable pour nos échanges.

Et alors on pourra procéder aux opérations du cadastre sans se préoccuper d'un délai de dix ans pour les faire. Dix années dans la vie d'une nation ne sont rien !

Du reste, sur un rapport, qui fut remarqué, de M. de Champvallier, l'un de nos très honorés collègues, et qui en a fait hommage à la Société, le conseil général a conclu, en 1876, à l'ajournement du cadastre par le fait notamment de la situation de nos vignobles, et cependant la Charente avait intérêt à ce cadastre, car elle paie 4.58 0/0 de son revenu net et 4.35 0/0 pour les centimes additionnels, au total 8.93 0/0, et on a vu que la moyenne de la France est de 8.35, soit une différence en plus à la charge de la Charente de 58 centimes.

Aux vœux exprimés par M. Mathieu-Bodet pour

la diminution des droits de mutation, il serait à désirer qu'on fît cesser enfin l'*inégalité* d'impôt sur la *terre* et les *valeurs mobilières*.

Au commencement de ce siècle, la terre était tout, la valeur mobilière rien.

Aujourd'hui, si le capital mobilier n'est pas tout, sa suprématie sur la valeur immobilière est indéniable.

Est-il juste de continuer encore, alors qu'une transformation si considérable s'est opérée, à surcharger la transmission des immeubles, lorsque la transmission des valeurs mobilières n'a à supporter que des droits pour ainsi dire dérisoires ?

Ainsi, pour céder un immeuble de 500 fr., les frais d'enregistrement et ses accessoires sont de 10 0/0, soit 50 fr.

Pour céder une action de pareille somme de 500 fr., on paie 1/8 0/0, soit 65 centimes.

Et pour les successions, pourquoi des différences si notables et faire payer sur la valeur totale d'un immeuble, sans tenir compte des dettes dont il peut être grevé ?

En vérité, tous ces droits si élevés sont surannés.

La crainte de diminuer les ressources du budget entrave toutes les modifications que justifieraient toutes les exigences de notre société moderne.

Cette crainte n'a-t-elle pas arrêté longtemps la diminution de la taxe des lettres ? Cette diminution a été opérée et les recettes du Trésor se sont accrues, comme elles s'accroîtront encore lorsque la taxe ne sera plus que de 10 centimes.

Il en sera de même pour les droits d'enregistrement.

Leur abaissement augmentera les ressources du Trésor, loin de lui nuire, parce que les transactions de toutes sortes et les échanges, les cessions et les emprunts se multiplieront, parce que cet abaissement permettra la réalisation d'actes d'un besoin journalier, et parce qu'enfin les dissimulations, si regrettables encore à tous les points de vue, disparaîtront ou s'affaibliront notablement.

A l'égard de ces dissimulations, beaucoup les font encore qui, certainement, ne feraient pas de faux papier timbré ; et pourtant quelle différence y a-t-il ?

Dans les deux cas, on préjudicie au Trésor public, et il y a le devoir de le respecter.

Assurément M. Mathieu-Bodet continuera ses études financières, et nous nous permettons d'appeler son attention à cet égard. Son autorité trouvera accès auprès des pouvoirs publics.

Le projet de loi du 9 août 1879 ne parle pas du cadastre ; mais, pour se rapprocher de la péréquation réclamée imprudemment en ce moment, on fait faire un tableau de la consistance territoriale et des revenus des propriétés foncières non bâties.

Là encore ce tableau n'aboutira pas, car les difficultés sont extrêmes.

Ainsi, à ne parler que de la catégorie des vignes, on devra distinguer :

1° Les vignes indemnes ;

2° Les vignes simplement atteintes par le phylloxera ;

3° Les vignes ne donnant plus de revenus ;

4° Les vignes plantées ou replantées depuis l'invasion du phylloxera en cépages français ou autres.

Les maires devront aider les agents de l'administration dans leurs investigations, et comme beaucoup de morceaux de vignes font partie des 140 millions de parcelles, on doit convenir que, s'il est interdit aux maires de s'occuper de politique, ils auront peu de loisirs pour y contrevenir.

Au sujet des dégrèvements partiels, M. Jolibois, député de la Charente-Inférieure, vient de faire à la Chambre une proposition tendant à ce qu'en 1880 la vigne phylloxérée ne paie pas d'impôts.

Il est juste de reconnaître que dès à présent à cet égard des dégrèvements ont été accordés dans la Charente.

Ainsi, l'année dernière, dans l'arrondissement de Cognac, pour près de 60,000 fr.

Et, dans la présente année, les dégrèvements, dans tout le département, s'élèveront à près de 150,000 fr.

A ce sujet, il est bien qu'on sache que les demandes doivent être faites cumulativement devant les maires avec les documents justificatifs.

Les dégrèvements de cette nature ne sont pas de ceux qu'on doive désirer, car ils témoignent de nos souffrances.

Faisons des vœux soit pour l'État, soit pour nous-mêmes, que ces dégrèvements ne soient pas de longue durée et que nous puissions voir revivre bientôt les conditions de notre prospérité passée.

www.ingramcontent.com/pod-product-compliance
Lightning Source LLC
Chambersburg PA
CBHW060720280326
41933CB00013B/2505